LES DERNIERS JOURS

DE

MGR DUPANLOUP

PARIS. — IMP. V. GOUPY ET JOURDAN, 71, RUE DE RENNES

LES

DERNIERS JOURS

DE

Mgr DUPANLOUP

AVEC UNE PRÉFACE

DE MONSEIGNEUR L'ARCHEVÊQUE D'ALBI

PARIS

ANCIENNE MAISON CHARLES DOUNIOL

JULES GERVAIS, LIBRAIRE-ÉDITEUR

29, RUE DE TOURNON, 29

1879

Les pages émouvantes qu'on va lire n'étaient point destinées à la publicité. Ecrites au moment même de la mort de Mgr Dupanloup, elles ont un caractère intime qui n'aime pas le grand jour. Mais les détails qu'elles renferment nous ont paru si propres à éclairer l'un des côtés les moins connus et les plus admirables de l'âme du grand évêque, que nous en avons vivement désiré la publication. La pieuse famille à laquelle ces pages appartenaient à tous les titres a bien voulu consentir, sur nos instances, à les livrer à l'édification générale.

Le moment est venu de faire mieux connaître le défenseur éloquent et dévoué de toutes les saintes causes, de mettre en relief la haute et profonde piété qui a inspiré toutes ses œuvres. Les vrais amis de l'Église seront heureux de trouver dans cet écrit, qui a la valeur d'un témoignage, le récit fidèle de cette sainte mort, juste récompense d'une si belle vie.

Ce sera d'ailleurs une première esquisse de la grande figure que M. l'abbé Lagrange doit mettre dans une lumière complète.

† ETIENNE-EMILE, archevêque d'Albi.

Albi, 1er mai 1879.

LES DERNIERS JOURS

DE

MGR DUPANLOUP

L'évêque d'Orléans est mort ! mort sous le toit de ceux qu'il appelait ses amis de cinquante ans, en vue des montagnes de sa chère Savoie, à laquelle il a légué son cœur. Il est mort dans cette demeure suspendue aux flancs des Alpes, où, prêtre, il avait médité et écrit une partie de son ouvrage sur l'Éducation, où, évêque, il venait chaque année se reposer des luttes glorieuses de son épiscopat, parfois s'ensevelir dans une retraite austère; et l'amitié même la plus intime devait alors respecter le silence absolu et la continuelle prière de ce grand serviteur de Dieu.

Car si sa vie extérieure et militante appartient à l'histoire, sa vie intérieure est le secret de Dieu et des âmes qu'il a menées à Dieu. Cette vie inconnue et souvent méconnue a été sa vraie vie. Il y a puisé jour par jour, on peut le dire, l'invincible courage et l'ardente lumière qu'il mettait au service de l'*Eglise*, de la *France* et des *âmes*, ces trois flammes de son cœur de prêtre, dont le foyer ardent et grandissant a toujours été *l'amour de Dieu*.

I

Il était arrivé à la Combe le 16 août. Quatre jours après, une attaque d'apoplexie foudroyait sous ses yeux un prêtre éminent, son collaborateur dévoué et l'un de ses amis les plus chers, l'abbé Guthlin (1). Ce fut pour lui une douleur poignante. Nous le reverrons toujours devant la

1. Vicaire général d'Orléans, ancien professeur de philosophie au collége libre du Haut-Rhin, auteur d'un remarquable ouvrage sur le positivisme. Il a laissé en manuscrit une étude sur Pascal, dont la publication réalisera bientôt, nous l'espérons, un des derniers vœux de Mgr Dupanloup.

porte de la maison, bénissant tout en larmes le cercueil du compagnon de ses travaux, sur le char rustique qui allait le transporter à l'église; puis suivant péniblement le cortége funèbre jusqu'à une pente rapide que ses pieds infirmes se refusèrent à gravir.

Cette catastrophe avait porté un nouveau coup à sa santé déjà profondément ébranlée. Après son départ d'Orléans, il avait eu une seconde atteinte de la maladie qui, depuis un an, paralisait son activité physique, contrepoids si nécessaire de son activité intellectuelle. « Pauvre la Combe ! Il ne me reconnaîtra plus, » écrivait-il tristement en nous annonçant son arrivée. Et sa vie de la Combe en effet allait y être bien changée !

Plus de ces ascensions joyeuses que l'on faisait jadis en entourant sa pacifique monture (1), d'où il nous jetait tour à tour une phrase de Fénelon et un vers de Virgile ; plus de ces repos dans les granges rustiques, où, assis sur le foin parfumé, il se faisait relire Dante, Shakspeare et Corneille. Plus de ces journées passées à la forêt (2) en conversations entremêlées de lectures et de prières, et quelles conversations !... Alors tantôt il esquissait un plan d'ouvrage sur les

1. Depuis que la vieillesse avait diminué ses forces, Monseigneur, autrefois marcheur intrépide, se faisait porter aux montées par un petit âne et redescendait à pied.

2. Une vaste forêt de sapins qui s'étend au pied des glaciers de la Citre et de Belledonne.

feuilles blanches de son bréviaire, avec l'indispensable crayon taillé par les deux bouts, tantôt enfin il exhortait et dirigeait une âme dans un de ces *a parte* de la montagne que l'on était accoutumé à respecter; tantôt il traitait de quelque grande affaire avec un étranger, venu pour l'entretenir à la Combe, et qu'il avait entraîné bon gré, mal gré, jusqu'à la région des chamois.

Il fallut aussi renoncer à revoir ce plateau de Saint-Murys (1), où d'ordinaire, à trois heures, son petit âne le portait, pendant qu'ombragé du parapluie légendaire il récitait vêpres et complies. C'est là que

1. Près du village de ce nom, placé au pied du glacier de Belledonne.

nous allions le retrouver le soir, après sa lecture spirituelle, pour revenir avec lui à travers les châtaigniers, aux lueurs du soleil couchant. Heures précieuses et chères, où son âme se dilatait dans une intime confiance et une charmante gaieté, où son esprit planait sur les choses humaines et montait à celles de Dieu par des coups d'aile qui faisaient rêver de Bossuet. Souvent il s'interrompait pour admirer quelque grande perspective alpestre qui lui arrachait une exclamation éloquente, ou bien il s'arrêtait à considérer une fleur, un brin d'herbe, un filet d'eau coulant à travers la mousse; car il était attentif aux moindres détails des œuvres de Dieu, et il vivait avec la nature dans cette douce familiarité qui n'appartient qu'aux enfants et aux saints. D'ailleurs il avait le sentiment de se trouver chez lui et de se retrouver lui-même, au milieu de ces montagnes dont il connaissait chaque repli, chaque sentier, chaque hameau, je dirai même presque chaque cabane. Il avait ses prédilections et ses amitiés dans les vallées profondes de nos Alpes, où telle petite église s'honore de l'avoir vu monter à son autel, telle chaumière de l'avoir vu s'asseoir à son pauvre foyer. Il aimait à bénir les enfants et les malades, à parler de Dieu aux paysans, surtout à ceux qui n'y pensaient pas assez. Ici comme partout il cherchait les âmes ; leur salut était la pensée dominante à laquelle il rapportait tout, et au besoin sacrifiait tout : ses forces et nos temps, dont il était plus économe encore que de ses forces. On l'a vu faire des courses d'une journée entière dans la montagne pour visiter un vieillard impénitent, et, vieillard lui-même, braver une grande fatigue et de véritables dangers, par un de ces dévouements d'apôtre dont il espérait que le ciel serait seul à connaître le secret.

C'était à la fin d'octobre; il était parti de la Combe après le déjeuner, le petit conducteur de son âne l'accompagnait seul, portant sur son épaule un sac qui contenait invariablement : le verre de cuir pour boire aux sources de la montagne, les manuscrits et les livres pour travailler pendant les heures de halte, et surtout le bréviaire, ce cher bréviaire, dont le saint évêque disait un jour en le pressant sur sa poitrine : « Ah ! comment pourrait-on vivre sans lui? »

Le but de sa course était de visiter un curé du voisinage; mais ne l'ayant pas trouvé chez lui, il s'était mis à réciter son bréviaire dans le jardin du presbytère, pendant que le petit âne broutait à la porte sous la surveillance de son conducteur.

Tout à coup, Monseigneur entendit à cette porte un colloque entrecoupé de sanglots; il y alla et trouva une jeune fille venue en grande hâte chercher le curé, et qui se désolait de son absence, disant que sa mère allait mourir et demandait à se confesser. « Rassurez-vous, « mon enfant, interrompit vivement l'évê-

« que, moi aussi je suis un curé, et je vais « aller voir votre mère. » Le petit ânier intervint alors, avec l'autorité que lui donnaient ses fonctions de guide et et la liberté rustique de son langage avec Monseigneur. Il objecta le long chemin qui restait à faire, la nuit qui était proche et la pluie qui commençait à tomber ; mais l'évêque fut inébranlable, et on partit.

Il fallut monter pendant une heure et demie pour arriver chez la malade, dont l'état était aigu, mais sans gravité pressante. Monseigneur s'en rendit compte aussitôt ; il s'établit néanmoins auprès du lit de la pauvre femme, l'exhorta, la consola et la confessa avec une grande édification, a-t-il dit plus tard, car il fut frappé de trouver non-seulement une foi vive, mais encore une solide instruction religieuse dans cette paysanne de la haute et rude montagne.

Après avoir rempli ce ministère avec le respect et l'attention qu'il y mettait toujours, il s'assura que l'on irait chercher le curé dès le lendemain matin, et que jusque-là il n'y avait plus rien d'important à faire. Il repartit alors, mais la nuit tombait rapidement, et au bout d'un moment il se trouva enveloppé par d'épaisses ténèbres, trempé par une pluie froide et engagé dans des chemins escarpés, sans autre secours que son petit guide, qui triomphait bien un peu en se lamentant beaucoup.

Et le saint évêque avait alors soixante-dix ans!

A la Combe, où l'angoisse était vive, on envoyait dans toutes les directions des hommes portant des lanternes. Enfin, à neuf heures, on entendit la voix de Monseigneur au milieu de la tempête et de la pluie. Tout le monde courut à la porte, où l'accueillirent des exclamations de joie mêlées aux questions pressantes et même aux reproches de son vieil ami. « Ah ! ne me grondez pas, répondit le bon évêque avec la confusion d'un enfant pris en faute, et laissez-moi monter dans ma chambre, car je suis mouillé. »

Quand il redescendit au milieu de nous, il avait été trahi. Son petit compagnon avait raconté toute leur histoire, sans épargner, bien entendu, les détails les plus émouvants sur ce retour par la nuit obscure et en plein désert. On tremblait à la pensée de ce qui aurait pu arriver au saint évêque dans les pas difficiles qu'il avait franchis en s'accrochant aux arbres ou en palpant les pierres du chemin, et on lui demontrait vivement la terrible imprudence qu'il avait commise. Il ne cherchait guère à s'en défendre. « Mais que « voulez-vous ? nous dit-il enfin ; je ne « pouvais faire autrement, je croyais que « cette femme était mourante et qu'il y « allait de son éternité. »

Tel était, dans le naturel et le charme de sa grande âme, celui qu'une presse, hostile à l'Église, est convenue d'appeler le fougueux évêque d'Orléans.

II

Tout cela, hélas ! était à jamais fini pour lui et aussi pour nous.

Il ne se faisait pas illlusion, il avait reçu le coup de la vieillesse et il voyait approcher la mort ; mais le sentiment très-vif qu'il eut à ce moment du déclin de ses forces ne s'exprimait que par un retour affectueux et prolongé sur les souvenirs du passé.

Assis au bout d'une grande allée, le lieu de ses stations quotidiennes, il parlait avec attendrissement des amis absents ou disparus qui s'étaient jadis groupés autour de lui à cette place favorite ; il parlait des heures de lecture et de conversation où le contact de tant de rares esprits faisait jaillir une lumière si vive ; il parlait des âmes qui avaient été attirées dans notre solitude par sa présence et par son âme, de celles surtout qui avaient trouvé ou retrouvé la foi à l'ombre de ces montagnes, dont il aimait à redire « que l'air y est « plus pur, le ciel plus proche et Dieu plus « familier » !

Car le repos de Mgr Dupanloup c'était encore le travail, et surtout les œuvres de conversion et de sanctification pour lesquelles il avait une passion sainte. Comprenant en vrai prêtre le prix et la beauté des âmes, aucun labeur ne lui coûtait pour leur restituer cette beauté ou pour l'achever en elles. Ceux qui ont pénétré dans son intimité savent que ce zèle sacerdotal a été chez le saint évêque une flamme vive, et qu'il faisait autour de lui une atmosphère incomparable. Que de fois nous l'avons vu, pendant de prétendues vacances, épuiser ainsi les forces qu'il était venu réparer; mais combien d'âmes a-t-il relevées, consolées, sauvées ou transfigurées depuis celle qui s'écriait : « Oh! mon « Père, la lumière et la paix ont passé sur « moi, » jusqu'à celle qui, au déclin d'une vie emportée par la tempête, retrouvait dans notre petite chapelle les joies et les larmes de la chapelle Sainte-Hyacinthe (1), au jour de sa première communion !

Le souvenir qu'il évoquait avec le plus d'émotion était celui de trois jeunes filles, l'une sa fille spirituelle et sa filleule, arrivée protestante d'Angleterre, devenue catholique au milieu de nous, et qui avait rapporté à sa patrie le trésor de la foi dans un cœur d'apôtre. L'autre, qui s'était élancée de la Combe au Carmel, tandis que sa sœur y recevait, de la main de l'évêque, la première consécration d'un bonheur qu'elle devait, un an après, offrir en sacrifice sur la terre pour obtenir de l'éterniser dans le ciel. Le guide vénéré de

1. La chapelle du catéchisme dirigé par l'abbé Dupanloup.

ces chères âmes aimait à rappeler par quelle conduite admirable Dieu les avait élevées si jeunes à ces hauteurs de l'immolation et de l'amour, puis il ajoutait avec un accent paternel : « Ce sont les trois « fiancées de la Combe. »

Mais ces attendrissements de son cœur ne diminuaient en rien l'énergie de son esprit; nous retrouvions son activité intellectuelle toujours aussi intense, et sa vie de travail et de prière aussi régulière, malgré l'affaiblissement physique qui aurait dû y mettre obstacle. C'était, le matin, la même heure d'oraison qu'il faisait en se promenant sur la terrasse, puis la préparation à la messe, la messe et l'action de grâces; il avait ensuite dans sa chambre trois heures et demie de travail austère jusqu'au déjeuner. Pendant l'après-midi, c'étaient les mêmes amas de lettres dépouillées et dictées, les mêmes lectures faites le crayon à la main, le bréviaire, la lecture spirituelle et le chapelet; car cet évêque que l'on a accusé « d'avoir été plus soucieux de politique que de religion (1), » consacrait cinq heures par jour à la prière, et à peine une demi-heure à la lecture des journaux.

Pendant cette première station à la Combe, toujours occupé du travail d'autrui autant que du sien, il lut et annota plusieurs manuscrits de ses amis, avec cette critique lumineuse, dans laquelle on

1. Article du *Lyon républicain*, 14 octobre 1878.

trouvait tout un enseignement. C'était un maître, en effet, un maître pour les esprits, comme un père pour les âmes, souvent tous les deux à la fois, car il a toujours aspiré à susciter des chrétiens forts par la science autant que par la piété et par la vertu ! De là tant de soins assidus pour cultiver les moindres germes de talent, qui pouvaient servir la cause de Dieu et faire honneur à l'Église, de là ce zèle persévérant pour soumettre les âmes à la discipline du travail et pour les sanctifier par ce travail librement accepté, et fidèlement continué, sous le regard de Dieu. Le travail s'inspirant de la prière, la prière soutenant le travail, en un mot, l'union jusqu'à la pénétration de la vie spirituelle et de la vie intellectuelle, c'était ce qu'il pratiquait pour lui-même, et ce qu'il s'efforçait sans cesse de faire pratiquer aux autres.

Quant à lui, il préparait le deuxième volume de l'*Éducation des filles*, étudiant de très-près les matériaux accumulés pour cet ouvrage. Ce qui le préoccupait à ce moment, c'était d'établir victorieusement la nécessité d'une philosophie élémentaire dans l'éducation des femmes et de vaincre le préjugé qui l'en a proscrite. Cette étude, proportionnée d'ailleurs aux aptitudes des esprits, lui paraissait *capitale* (c'était toujours son grand mot) pour développer l'attention, la réflexion, le jugement, ces facultés maîtresses, qui font si souvent défaut à la femme, au grand détriment de sa piété et de son gouvernement domestique. Il avait éprouvé, disait-il, « que l'ignorance est bien « loin d'être la plus sûre gardienne de l'hu- « milité; » et que souvent, au contraire, l'orgueil et la dissipation résultent de cette ignorance, qui laisse le champ libre à la frivolité. Il redoutait même les études superficielles, qui ne mettent en valeur que les dons brillants de la femme, et exaltent ses prétentions, sans élever son esprit. Aussi avait-il d'énergiques protestations contre « les lois somptuaires », réelles ou supposées, en vertu desquelles tant de jeunes filles s'interdisent les lectures sérieuses et les travaux utiles, et se livrent à la culture exclusive de ces talents d'agrément, qui sont pour elles la fausse monnaie de l'art véritable, ne leur donnent aucun sens éclairé du beau, et ne mettent dans leur vie qu'une vanité et un amusement de plus.

Mais après avoir exposé la raison de cette éducation, il fallait en donner la formule et la méthode. Autre grave « difficulté », disait l'évêque, « car les « livres sont encore à faire, et des livres « même ne suffisent pas. Ce qu'il faut « avant tout, ce sont des maîtresses, « nourries de fortes études, et qui se « soient assimilé la substance de leur en- « seignement. » Autrefois de semblables maîtresses se formaient dans les monastères, qui étaient des foyers de science chrétienne. Reprendre cette tradition des grands siècles de l'Église, et rétablir le sérieux travail intellectuel dans les ordres religieux de femmes, surtout dans les ordres enseignants, c'était une idée qui le préoccupait de longue date, et il avait même aspiré à la réaliser dans une fondation spéciale. Mais, détourné de cette œuvre par le malheur des temps et les nécessités de la lutte, il voulait au moins donner à son idée une forme, puisqu'il n'avait pas pu lui donner une vie.

Cette question trouvait sa place dans le livre où Monseigneur exposait sa doctrine sur l'éducation des filles, et où il formulait ses conseils, pour la vie des femmes du monde. Ce livre, dans sa pensée, devait être le résumé de son expérience de directeur, et le couronnement de cette partie de son ministère. Aussi attachait-il une grande importance à le terminer ; et il faisait pour cela des efforts courageux, mais imprudents, car sa santé à ce moment eût exigé un repos complet.

La suprême pensée du saint vieillard, « le dernier service qu'il voulait rendre « à la France et à l'Église, c'était donc « de contribuer à former des femmes « sérieuses et studieuses » ; et cela au double point de vue de leur mission domestique à remplir, et de leur vocation intérieure à réaliser. Il établissait avec une autorité décisive le droit et le devoir qu'ont les femmes de donner tout le développement possible à leurs facultés, pour leur famille d'abord, pour partager et soutenir la vie morale et intellectuelle de l'homme, et pour préparer cette double « vie chez l'enfant; mais aussi, mais sur-

« tout pour elles-mêmes et pour Dieu; » pour élever leur âme en élargissant l'horizon de leur esprit, pour nourrir leur piété de doctrine, pour donner à leur caractère une solidité, sur laquelle s'appuie la vertu, pour mettre enfin dans leur vie une occupation qui peut être, à certains moments, une consolation, et qui sera toujours une lumière et une force.

Il ramenait sans cesse la conversation sur ce sujet, car il aimait à associer des amis à ses préoccupations dominantes, à discuter et à étudier avec eux les questions dont l'intérêt s'imposait à son esprit. Avant de publier un ouvrage, il consultait un certain nombre d'entre eux, leur envoyant à chacun les pages de son manuscrit, ces pages bleues écrites à mi-marge, qu'on devait annoter avec » la dernière sévérité ». Et il avait su inspirer des affections assez dévouées pour obtenir d'elles ce que les hommes éminents obtiennent si rarement : la vérité. Il savait supporter la contradiction, et il se rendait à une juste critique avec cet élan spontané qui faisait éclater la sincérité de l'homme et plus encore l'humilité du prêtre. On comprenait alors que ce grand cœur n'avait jamais eu d'autre mobile de ses travaux et de ses luttes que l'amour pur de la vérité et le zèle désintéressé du bien.

Des questions d'éducation aux questions politiques il n'y avait pour lui qu'un pas; car tout s'élève « ou s'abaisse à la « fois dans un pays et dans un siècle.

« Hélas! qu'attendre de notre pauvre « France dans le dépérissement de la foi « et des mœurs, la division des honnêtes « gens et l'affaiblissement des études, » répétait-il avec un douloureux accent. Et il avouait qu'il trouvait l'avenir bien sombre, mais sans que cela affaiblît en rien son indomptable énergie pour la lutte sur tous les terrains. Il y avait d'ailleurs un point d'où lui venait l'espérance : c'était Rome, c'était ce grand pape, qui lui apparaissait comme le pacificateur des esprits et l'initiateur d'une phase glorieuse de la vie de l'Église. Avec quelle ardeur il s'associait à ses vastes desseins sur la politique étrangère, sur la réforme des études, sur l'organisation de la presse catholique! Avec quel éclat d'intelligence il entretint de ces importants sujets un de ses anciens élèves qui, revenant de Rome, s'était arrêté à la Combe, pour lui apporter des nouvelles et un message de Léon XIII.

Mais il aspirait à aller lui-même porter à ce pontife vénéré l'hommage d'une vie épuisée dans le dévouement aux grandes causes de Dieu. Voir Léon XIII et puis mourir, c'était le vœu suprême de ce soldat de l'Église qui sentait approcher le terme de ses combats. Dès son arrivé à la Combe, il nous avait annoncé le dessein d'entreprendre un dernier pèlerinage à Rome, au commencement de novembre. Il faisait toutes ses dispositions dans ce but. Et quand nous voulions lui représenter les difficultés d'un si grand voyage, avec le genre d'infirmité qu'il avait contracté, il nous répondait seulement en nous engageant à partir avec lui.

Il n'écoutait pas davantage, je dois le dire, nos arguments et même nos supplications pour le détourner du voyage d'Ensiedeln, où il avait résolu d'aller faire sa retraite annuelle. Un jour résistant à un dernier effort que l'on avait tenté dans ce but : « Non, non, » répondit-il avec une gravité très-douce. « Laissez-moi aller à « Ensiedeln, j'ai besoin de faire cette « retraite ; c'est une grâce suprême que « Dieu m'accorde pour me préparer à la « mort. »

III

Il partit donc le 2 septembre et revint le 25, le corps abattu, mais l'âme transfigurée. Nous eûmes tous l'impression que cette retraite avait été l'apogée de sa vie spirituelle.

Quelques années auparavant, il avait reçu la visite d'un prêtre qu'il vénérait comme un saint (1) et nous avait dit

1. Ce prêtre était l'abbé Gérin, curé de la cathédrale de Grenoble, et qui, lui aussi, nous disait, après avoir causé pendant trois heures avec Mon-

après son départ : « Dieu lui accorde en « ce moment tant de lumières et de grâces « que cela me fait peur pour la terre... » Et quatre mois plus tard, ce prêtre était mort.

Nous aussi, nous eûmes peur pour la

seigneur : « Ah ! quelle grâce que d'approcher « votre saint évêque ! comme il fait bon rencontrer « une âme qui comprend ainsi le prix des âmes ! » La vénération mutuelle de ces deux saints donnait lieu, quand ils étaient ensemble, à des scènes qui nous rappelaient la rencontre de saint Dominique et de saint François.

Quelque chose d'analogue se passait à Ars, où Monseigneur s'arrêtait chaque année pour se confesser au curé, « et c'est lui, nous a-t-il souvent « répété, qui m'a donné les plus grandes lumières « sur mon âme. » Ces lumières, il ne se contentait pas de les recueillir pour lui-même, il envoyait d'autres âmes les chercher auprès du saint curé,

terre en l'écoutant parler de Dieu, en le voyant faire oraison et dire la messe. Il n'avait plus à l'autel cet accent net et expressif, qui faisait jaillir la lumière de chaque parole sainte, ni ces gestes précis et fermes, qui accentuaient le sens et la

« afin de suppléer à celles qu'il ne pouvait leur donner », c'était là ses propres paroles. L'auteur de ces pages a accompagné à Ars une personne qui avait entrepris ce voyage par le conseil de Monseigneur. Arrivée depuis le matin, la pauvre étrangère avait vainement tenté de percer la foule qui entourait toujours le confessional du curé, et de parvenir jusqu'à lui. Aussi avait-elle guetté le moment où il retournait chaque soir de l'église à son presbytère, pour chercher à l'aborder. Mais le bon curé était contraint par l'obéissance à ne pas laisser empiéter sur ses courts instants de repos, il continuait rapidement sa route, sans avoir l'air de rien entendre, et surtout sans rien répon-

beauté de chaque cérémonie. Mais tout en lui révélait d'une manière plus saisissante encore cette foi ardente et véhémente dont les incroyants eux-mêmes ont subi l'irrésistible impression. Parfois une émotion qu'il ne pouvait contenir faisait trembler ses mains et entrecoupait sa

dre. « M. le curé, s'écria alors la pèlerine, je viens ici de la part de Mgr Dupanloup. » A ce nom, le curé s'arrêta tout court, se retourna, et fixant sur son interlocutrice le regard clair et profond de ses grands yeux. « Ah! mon enfant, lui répondit-il, en joignant les mains avec une expression indicible, vous avez le bonheur de connaître ce saint évêque, *et de quoi pouvez-vous avoir besoin?* » Ces paroles nous ont toujours paru un des plus touchants hommages rendus à Mgr Dupanloup; car c'était l'élan spontané d'un saint qui avait pénétré l'âme du grand évêque.

voix ; parfois aussi une note vibrante s'échappait de cette voix affaiblie et presque éteinte. Ainsi se trahissait un de ces élans d'intercession et d'amour, dont on aurait pu dire en empruntant ses propres paroles, « son âme a poussé un cri. »

Oh ! que de cris suppliants a dû pousser vers le ciel cette âme plus accablée sous le poids des maux de l'Église et de la France que son cœur ne l'était sous celui de la vieillesse et des infirmités !

Oui, tout dans la vie du saint évêque se ressentait du voisinage plus proche de Dieu. Cette vie sacerdotale si fidèle, si fervente, qui était notre édification depuis tant d'années, avait acquis à ce moment une intensité et un rayonnement nouveaux. Plusieurs fois dans la journée, on trouvait l'illustre vieillard à la chapelle, littéralement abîmé dans la prière ; et quand il sortait de la prière, on sentait en lui une suavité, une sérénité, qui s'exhalaient de son âme comme un parfum.

Nous remarquions aussi qu'il avait gardé toute sa sévérité contre lui-même, mais qu'avec les autres il ne savait plus qu'aimer, pardonner et bénir. On eût dit qu'il habitait par avance la région de la charité infinie.

Cette disposition de son âme se manifestait, non-seulement dans ses rapports particuliers, qui étaient empreints d'une patience et d'une indulgence inaltérables, mais aussi dans son action sur les affaires de l'Église, où il n'intervenait plus que pour modérer et concilier les esprits. Son désir le plus vif était la cessation des controverses irritantes entre les catholiques, et leur union autour du grand pontife que Dieu avait donné à son Église. Ses derniers efforts, nous le savons, furent dirigés vers ce but.

Ce qui se mêlait jadis de vivacité humaine à son zèle pour la justice et pour la vérité s'absorbait ainsi dans une suavité croissante ; et l'on peut dire que l'ange intrépide du combat était devenu l'ange de la douceur et de la paix.

Et tandis que la charité du prêtre enveloppait à la fois ses amis et ses adversaires (je ne saurais dire ses ennemis, car il n'a jamais eu d'autres ennemis que ceux de l'Eglise), la tendresse du Père se répandait sur ses enfants avec une effusion plus touchante encore que par le passé.

Mais c'était spécialement vers la jeunesse et vers l'enfance que s'inclinait ce grand cœur; et toutes les dispositions de la Providence semblaient donner à cet attrait de solennelles et touchantes confirmations. Dieu, qui a souvent dans la vie des saints des délicatesses de père et des traits d'artiste, voulait que la vie sacerdotale du grand évêque s'achevât comme elle avait commencé, dans un amour de prédilection pour la jeunesse, et que cette première beauté de son ministère rayonnât sur ses derniers jours.

Dieu, qui avait permis qu'un élève du saint vieillard (1) lui apportât la bénédic-

1. Le comte Charles Conestabile.

tion de Léon XIII, allait faire descendre la bénédiction du ciel même sur le vieillard mourant par la main d'un fils privilégié de son cœur. Et, consécration admirable d'un admirable ministère, l'apôtre de la jeunesse devait être absous et béni à son heure suprême par un de ses plus jeunes disciples (1).

Un autre disciple du saint évêque représentait auprès de lui « cette école sa« crée qui avait été ici-bas un de ses plus « grands amours. » Ce jeune prêtre (2) avait suivi Monseigneur à la Combe, pour réparer sous ses yeux des forces déjà épui-

1. M. l'abbé Chapon, vicaire de la cathédrale d'Orléans.

2. M. l'abbé Vié, préfet des études au petit séminaire de la Chapelle.

sées par le travail. Il repartit au commencement d'octobre, ne sachant pas, hélas ! qu'il avait recueilli pour lui-même les suprêmes enseignements de ce maître bien-aimé, ni qu'il rapportait à ses élèves sa dernière bénédiction et le dernier témoignage de sa sollicitude.

Cette sollicitude paternelle s'exerçait de près comme de loin sur tous ceux qui en étaient l'objet, et jusqu'au dernier moment elle lutta dans le saint évêque contre les impuissances de la maladie. Trois jours avant sa mort, il voulut encore recevoir, malgré son extrême fatigue, quatre jeunes sœurs qu'il avait bénies au berceau, et dont il avait adopté les âmes, dès leur premier éveil pour les donner à Dieu. Mais plus près de lui encore, et sous le toit qui l'abritait, Monseigneur avait retrouvé un enfant dont les traits reproduisaient exactement ceux de son père, alors que trente ans auparavant l'abbé Dupanloup portait celui-ci à travers les torrents de la montagne et lui apprenait à servir la messe. Le petit Joseph de maintenant lui rendait son petit Félix d'autrefois. Il rattachait pour lui le présent au passé de la Combe, et à un passé plus lointain encore. Car le saint évêqne revoyait sans doute, dans cet enfant, tous les enfants du catéchisme, auxquels il avait consacré les prémices de son cœur et de sa vie sacerdotale.

C'était un spectacle touchant et charmant que celui de la tendresse qui enlaçait le vieillard et l'enfant. Avec l'audace de ses cinq ans, le petit Joseph demandait tout et obtenait tout. Il pénétrait le matin dans la chambre de Monseigneur aux heures strictement réservées, s'établissait à sa table, barbouillait son papier avec le crayon taillé aux deux bouts, et cassait le bout bleu. Puis il s'emparait de l'écrin des bagues pastorales qu'il passait successivement au doigt de l'évêque. « Laissez-le faire, c'est mon ami, » répondait Monseigneur, quand on voulait s'opposer à toutes ces témérités. Alors il attirait l'enfant auprès de son fauteuil, l'enveloppait de son bras ; et sa tête affaissée sous le poids de la maladie s'inclinait encore jusqu'à cette petite tête blonde qui se relevait vers lui. Il le gardait là longtemps, causant avec lui sérieusement ou gaiement, mais toujours paternellement. Dans un de ces colloques qui auraient pu tenter le pinceau d'un artiste, le mot de gloire fut prononcé par l'évêque. Joseph attachant sur lui son regard étonné : « Monseigneur, lui demanda-t-il vivement, qu'est-ce que c'est que la gloire ? » « Je n'ai su que lui répondre, » nous dit le bon évêque avec une candeur charmante. La question d'un enfant avait embarrassé ce vieillard couvert de gloire, et l'avait réduit au silence.

Et avec les traits du Père de l'enfance, c'étaient ceux du pasteur des âmes qui s'accentuaient de plus en plus à nos yeux. Mais le zèle sacerdotal du saint évêque était tempéré par cette douceur qui a été, nous l'avons dit, la note dominante de ses derniers jours. C'est bien à cette heure qu'il réalisait dans sa plénitude une parole de Fénelon, que nous lui avons si souvent entendu répéter : « Pasteurs des âmes, « soyez pères, ce n'est point assez, soyez « mères ! » Surmontant les souffrances de la maladie, pour écrire ses lettres de direction, pour confesser et exhorter jusqu'à l'heure même de sa mort, il donnait aux uns l'impulsion ou la lumière décisive pour l'avenir, il résumait aux autres les enseignements du passé, en achevant de fixer le grand trait de leur vocation intérieure, « et déposait dans chacune de ces âmes le mot de Dieu. »

Mais surtout il tentait un nouvel effort pour amener ou ramener à Dieu ceux qui en étaient séparés. Nous voudrions avoir le droit de redire ce que nous lui avous vu faire et souffrir à ce moment, pour une âme, dont il croyait le salut en péril, et pour une autre âme, dans laquelle de grands dons de la grâce ne rencontraient pas une correspondance suffisante, et « qui risquait, » selon son énergique expression, « de faire banqueroute à Dieu ! » Quels accents sortaient de son cœur ! quels sanglots entrecoupaient sa voix ! Avec quelle ferveur désolée prenait-il alors ce chapelet, qui était sa ressource suprême, lorsque sa parole avait été vaincue ! Combien de fois, pendant ces trente ans, nous l'avons vu disputer ainsi le salut des âmes par une prière presque ininterrompue ; et dérogeant même au principe le plus sévère de son règlement, prolonger ses veilles à dire et à redire le rosaire (1) pour calmer l'angoisse paternelle qui le dévorait, et que nous appelions entre nous : la fièvre du bon pasteur.

Et à ce zèle d'apôtre il joignait le respect sacerdotal « qui voit dans l'âme la « plus dégradée l'image de Dieu qu'il « faut refaire », et dans la plus humble, le prix du sang de Jésus-Christ.

Une ancienne domestique de la maison, qu'il y avait connue, se mourait sans sacrements. Il l'apprit, en fut très-ému, et voulut aussitôt lui écrire. Sa lettre forte,

1. Il n'est pas question ici du chapelet ordinaire, mais bien du rosaire, dont il récitait les quinze dizaines, et cela plusieurs jours de suite, quand il voulait obtenir une grâce importante pour une âme.

paternelle et touchante, la décida à appeler son curé et à se faire administrer. On annonça cette nouvelle à Monseigneur la veille même de sa mort. « Ah ! Dieu soit béni, » s'écria-t-il, et un sourire ineffable illumina son visage.

Le salut de cette femme du peuple avait été la dernière œuvre de l'illustre évêque d'Orléans.

Chose remarquable d'ailleurs, cette grande âme, arrivée au seuil de l'éternité, ramenait tout aux principes élémentaires des deux vertus qui sont le fondement de la vie spirituelle : la charité et l'humilité ! « C'est par l'amour du prochain que « vous arriverez à l'amour de Dieu, » dit-il à une personne qui était venue chercher auprès de lui une dernière bénédiction et un suprême enseignement. Cette parole donne la note fondamentale de ses exhortations et de ses entretiens, surtout depuis son retour d'Ensiedeln. Combattant avec énergie « ces mouve-« ments durs qui blessent les âmes, et « cet orgueil qui met dans le cœur une « pierre pour Dieu, » il recommandait avec une onction pénétrante la douceur qui a ses racines dans l'humilité, et l'indulgence inépuisable pour autrui, qui procède de la vue profonde de nos propres misères et de notre absolu néant. « Méfions-nous à l'égard du prochain, « disait-il, de nos préventions, de nos « antipathies, même de nos raisons. » Puis, expliquant la contradiction apparente de ces deux paroles de Notre-Seigneur : Ne jugez pas et gardez-vous des hommes, « il ne faut pas juger les autres, « concluait-il, que lorsque cela est néces- « saire ou utile, les juger sans les con- « domner et surtout ne les juger qu'en « se jugeant soi-même. » Et à propos du livre de M. l'abbé Planus sur saint Jean-Baptiste : « Je ne trouve rien de plus tou- « chant que cette vie du Précurseur, « cette pénitence, ce martyre et par- « dessus tout cette humilité, repoussant « toujours les hommages, disant tou- « jours : non, non, à ceux qui lui de- « mandent : Êtes-vous le Christ? êtes- « vous celui qui doit venir? Quand on « veut nous louer il faut répondre « comme lui : non, non. »

C'est ce qu'il faisait en effet, quand

nous essayions de lui témoigner la vénération croissante dont il était l'objet. Il nous imposait silence par un mouvement spontané, qui venait des profondeurs de son âme. « Ah! mon pauvre ami, quelles « illusions vous vous faites sur moi, » répondait-il un jour d'un accent pénétré; et il ajoutait alors cette exclamation, qui était une des formules habituelles de son humilité : « Ah! si vous saviez quel « pauvre homme je suis! »

Mais en repoussant la louange qui venait des hommes, il aimait surtout à s'abaisser devant lui-même et à s'humilier aux pieds de Dieu. Ce qu'il ne nous disait pas, mais que nous savions, c'est que, jusqu'au moment où ses infirmités le lui avaient interdit, une de ses pratiques quotidiennes était de baiser la terre, surtout après l'examen de ses fautes, renouvelé trois fois par jour. Quand il était seul dans la chapelle, il en profitait pour s'agenouiller devant la marche de l'autel, l'embrassait avec une fervente humilité et y restait longtemps prosterné.

Quelquefois néanmoins il soulevait un coin du voile de sa vie spirituelle, quand il nous entretenait de ses prédilections pour quelques saints, avec lesquels il vivait dans une intimité constante : c'était saint Paul, qui avait été la lumière et le modèle de sa vie apostolique ; saint Raphaël, le guide de la jeunesse, qu'il avait pris pour protecteur de ses œuvres d'éducation ; saint François de Sales, le docteur de la Savoie, et qu'il appelait son père; saint Vincent de Paul, dont il méditait sans cesse la vie et les vertus; sainte Thérèse, dont il avait tant étudié la doctrine et dont il avait voulu écrire l'histoire. Mais surtout il nous recommandait, et je peux dire il nous léguait sa double dévotion à la *Vierge fidèle* et à la *Vierge très-prudente*, qui, depuis le commencement de son sacerdoce, avait été pour lui un puissant moyen de correspondre à la grâce dans la vie intérieure, et de la féconder dans la vie extérieure.

On le voit, la dévotion et même les dévotions étaient une des forces de cette vie, à laquelle rien n'a manqué de ce qui fait une vie complète et puissante, au point de vue divin comme au point de vue humain. La dévotion n'était chez le grand évêque que l'épanouissement de la religion ; et la religion, cette religion grave, tendre et profonde, pénétrait jusqu'à ses dernières fibres, non pour les affaiblir, mais pour les vivifier. Il appartenait à la race de ces héros de l'Église, dans lesquels la sainteté couronne les dons d'une grande nature, et la délivre du poids des passions terrestres qui eussent été l'obstacle à son développement harmonieux. Il se déployait en Dieu avec un charme, une vigueur et une liberté qui faisaient de lui un homme aimable entre tous, et à la fois un grand homme et un saint. Si l'on voulait caractériser sa vie d'un seul trait, on pourrait dire que c'était l'équilibre parfait de la vie surnaturelle et de la vie naturelle, ou plutôt la pénétration complète de ces deux vies, élevées à leur plus haute puissance et se réalisant dans l'activité la plus féconde.

Ainsi les affections de son cœur, loin de s'absorber, se dilataient au contraire dans cet amour, dont il nous disait : « Il n'y a « qu'un amour au ciel et sur la terre, c'est « l'amour de Dieu. Mais dans cet amour se « retrouvent tous les amours d'institution « divine et toutes les amitiés bénies de « Dieu. »

Cet amour élevait aussi et illuminait les facultés de son esprit. La parole de l'écriture : *in lumine tuo videbimus lumen*, était bien réalisée dans la vie intellectuelle du saint évêque, qui allait sans cesse chercher à l'autel l'inspiration pour son travail, le conseil pour sa conduite, qui méditait dans l'oraison ses plans d'ouvrages et ses œuvres épiscopales, et qui a fait à l'un de nous cet aveu touchant : « que toutes ses « bonnes idées lui venaient d'ordinaire à la « messe. »

C'était aussi à la source de ce grand amour que s'alimentait l'inépuisable jeunesse d'impression et d'enthousiasme qui fut une de ses puissances. Il saisissait les plus fugitives apparitions de Dieu dans les âmes, les moindres rayons de sa beauté dans la nature et dans les arts. De là ses émotions, ses admirations éveillées par un mot, un accent qui lui révélait une touche de la grâce sur une âme, par un regard d'enfant dans lequel il voyait le ciel, et aussi par certains éclairs de génie qui, dans les poëtes classiques, lui semblaient jaillir du foyer lointain de la révélation primitive, à travers les ténèbres de la chute. De là cette intelligence si vive des aspects variés de la campagne, dont il ne se lassait jamais, parce qu'il y trouvait un reflet des perfections divines et un don de la bonté infinie. Comme les docteurs du moyen âge, il avait le sentiment des harmonies de la nature avec celles du monde de la grâce et du monde de la gloire. Il comprenait les affinités de certains lieux avec certains mouvements d'âme et certaines notes de l'amour divin. Il se plaisait à dire la messe, à réciter son bréviaire dans des sanctuaires ou dans des sites dont le caractère lui paraissait analogue à celui d'un saint, d'une fête de l'Église, ou d'un anniversaire se rapportant à un fait de sa propre vie. Car il avait aussi pour lui-même le culte des souvenirs ; il était attentif à conserver toutes les traces de Dieu empreintes sur son passé : joies, épreuves, lumières, affections, rien ne se perdait pour son âme. En chaque chose, il recherchait le don et le dessein de la Providence, afin de rester constamment fidèle à la grâce et à l'action de grâces.

Oui ce grand amour était le principe et l'unité de sa vie, sa vie même. C'est lui qui avait donné un contrepoids de tendresse et de douceur à ce caractère énergique et fier ; c'est lui qui avait maintenu la fraîcheur et même la candeur des sentiments dans cette nature si maîtresse, si précise et si décisive ; c'est lui qui avait soumis par la plus humble et la plus entière obéissance à l'Église cette volonté ardente et persistante ; c'est lui enfin qui avait fait planer la paix de l'abandon à Dieu sur les agitations de cette vie toujours dévorée par le travail, emportée par la lutte et plusieurs fois brisée par d'inexprimables douleurs.

Et cet amour, comme un rayon vainqueur de tous les nuages, resplendissait sur ses derniers jours. Ce n'était pas le déclin, c'était la plénitude de la vie pour le glorieux vieillard qui aurait pu dire avec le prophète : *Dieu a renouvelé ma jeunesse comme celle de l'aigle.* Tous nous en avions la vive impression ; jamais nous n'avions éprouvé à ce dégré sa puissance de recevoir et de transmettre la grâce. Jamais nous n'avions senti une telle chaleur rayonner de son cœur, une telle lumière de son esprit, et jamais nous ne lui avions trouvé tant de poésie dans l'âme.

Mais cet amour qui était jadis en lui, vibrant comme un cri, ardent comme une flamme, était à cette heure un sentiment profond et très calme, qui, par instant, se trahissait dans un mot ou un accent qu'on ne peut redire et dont rien n'effacera jamais l'impression. C'est que la puissance de cette âme s'était transformée. A l'activité infatigable de sa vie succédait une contemplation paisible de la vérité et de la beauté éternelles, pour lesquelles elle avait tant combattu et qui allaient être sa récompense.

IV

L'heure de cette récompense approchait.

Deux jours après son retour à la Combe, il avait senti le premier renouvellement de la maladie qui devait l'emporter.

Le samedi 28, il nous rappela que le lendemain, fête de saint Michel, il dirait, comme il le faisait tous les ans, la messe pour le comte de Chambord, dont c'était le jour de naissance, et nous étions convenus de nous unir à lui dans un grand effort de prière pour notre chère et malheureuse France. Mais le lendemain même, de très bonne heure, une suffocation soudaine le saisit. On l'obligea à prendre une potion calmante, et il ne put se lever que pour assister à la messe tardive de M. l'abbé Chapon.

Ce jour-là, il avait envisagé la mort, et sa première pensée ou plutôt son premier cri avait été : Rome! Rome qu'il ne pourrait pas atteindre! Mourir sans avoir vu Léon XIII, sans avoir porté aux pieds de ce grand Pape l'hommage d'une vie de combats, dont la suprême récompense eût été de contempler en lui les espérances de l'Église et de la France; ce fut pour le saint évêque un sacrifice sanglant. Mais ce sacrifice, accepté dans le secret de son cœur, devait peut-être couronner et féconder tant d'œuvres laborieuses, accomplies devant les hommes pour le triomphe des causes sacrées, auxquelles il avait dévoué sa vie.

Une autre pensée l'occupait encore : c'était son livre commencé, ce livre où il voulait déposer la dernière pensée de son âme sacerdotale. « Aurai-je le temps de le terminer? » demanda-t-il au docteur Michaud qui lui avait apporté, avec une science très-éclairée, un dévouement à l'épreuve de trente années. « Oui, lui « répondit celui-ci, vous achèverez cet « ouvrage et d'autres encore, mais à une « condition : c'est que pour le moment « vous renoncerez à y travailler et que « vous prendrez un repos complet. »

En effet, le lendemain, un traitement très-actif parut conjurer la crise. Nous nous rassurions tous, mais lui se sentait profondément atteint.

Son calme entretenait notre illusion, et cependant quelquefois une parole, un regard trahissaient la pensée en face de laquelle il restait. Au sujet d'une œuvre qu'on lui demandait d'entreprendre : « Ce n'est pas possible, répondit-il, *je ne suis plus pour longtemps en ce monde.* »

Un autre jour, nous le trouvâmes seul, assis sous les arbres de la grande allée; nous fûmes frappés de la tristesse solennelle empreinte sur son visage, et comme s'il avait surpris cette impression sur les nôtres : « Mes enfants, nous dit-il avec un accent très-grave et très-doux, *je n'aime plus que le silence.* »

Durant cette semaine toutefois, il put encore aller chaque jour s'asseoir au bout de la grande allée, réciter son bréviaire en se promenant sur la terrasse, et surtout il put dire la messe à sept heures et demie du matin avec une exactitude rigoureuse. Mais, de jour en jour, son effort pour monter à l'autel était plus visible, sa voix plus altérée et ses mouvements plus difficiles. Après avoir déposé ses ornements sacerdotaux, il tombait épuisé sur son fauteuil, où il faisait néanmoins une longue et fervente action de grâces. Puis il avait grand'peine à regagner sa chambre appuyé sur un bras ami.

Il se mettait alors au travail en vertu d'une

tolérance plus ou moins réelle du docteur. Mais nous nous étions entendus pour aller le déranger successivement et impitoyablement. Le petit Joseph était toujours celui qui y réussissait le mieux.

Dans l'après-midi, on faisait à Monseigneur ou il faisait lui-même ses lectures accoutumées. Il achevait en ce moment l'ouvrage de Taine sur la Révolution. « Ce livre, disait-il, est une révolution. » Et fidèle à son principe « de chercher ce qui rassemble et non ce qui divise, » il écrivit à cet ancien adversaire pour lui offrir la communication de manuscrits inédits sur l'époque qu'il étudiait.

Il lisait en même temps les ouvrages d'Amédée Thierry sur le cinquième siècle et sur Attila, afin de comparer les données de l'histoire avec celles d'une tragédie jouée au Séminaire de la Chapelle, et dont il était justement et paternellement fier (1). Il relisait aussi le Traité de l'amour de Dieu par saint François de Sales, un des ouvrages qu'il avait le plus profondément étudiés dans sa vie, ses chers volumes de la Correspondance de Fénelon, qui étaient toujours sur sa table, et la Vie de saint Vincent de Paul par Abelly, dans laquelle il faisait sa méditation.

Le samedi 5 octobre, il dit encore la messe, sa dernière messe!...

Ce jour était celui qu'il avait fixé pour

1. La tragédie de Saint-Aignan, par M. l'abbé Vié.

le baptême d'un petit Félix, frère de Joseph, et dont il devait être le parrain (1).

En attendant l'heure de la cérémonie, il demanda qu'on lui lût les épreuves d'un article du Correspondant sur la politique de Léon XIII. C'était un hommage éloquent rendu au Souverain Pontife par un ancien élève de la Chapelle. Ce travail allait au cœur de l'évêque, en lui donnant de nouveaux motifs d'admirer le Saint-Père, et en confirmant ses espérances sur un fils bien cher, dans lequel « il voyait, pour l'avenir, un des hommes dont l'Eglise a besoin. » Ce fut là sa dernière et très-vive joie; et son émotion

1. Un évêque, quand il est parrain, doit faire lui même le baptême.

gagna le lecteur et l'auditoire, de telle sorte que plus d'une fois la lecture fut interrompue.

Le baptême du petit Antoine-Félix termina la journée.

Quel moment que celui de cette cérémonie, sur laquelle planaient tant de souvenirs avec tant d'angoisses! Monseigneur, assis devant l'autel, prit la tête de l'enfant entre ses mains et la tint longtemps embrassée, avant de commencer le baptême. Joseph, en costume d'enfant de chœur, était à genoux sur la marche de l'autel. Auprès de lui la jeune marraine présentait l'enfant à son parrain, dont la main tremblait, dont la voix se perdait dans les sanglots, pendant qu'il accomplissait, avec une piété et un respect saisissants, chaque cérémonie du baptême. Quand tout fut fini, il voulut qu'on récitât le *Te Deum*.

Il sortit ensuite de la chapelle et s'arrêta dans une grande salle qui la précède. « Quelle beauté ont ces paroles du baptême, » s'écria-t-il, « quelle admirable ini-« tiation à la vie chrétienne ! On ne trouve « rien de pareil nulle part. » Il se fit alors apporter son petit filleul et nous couvrit avec lui d'une bénédiction qui s'étendait aux absents et faisait revivre tout le passé... C'était le dernier rayon de ce cher passé prêt à disparaître, comme le dernier rayon du soleil dans le ciel pur qui nous éclairait.

V

L'angoisse qui avait oppressé nos cœurs pendant la journée du samedi, cette angoisse était un pressentiment. Notre saint évêque avait accompli ce jour-là les derniers actes de sa vie sacerdotale; le lendemain, sa dernière semaine était commencée.

Il ne put dire la messe du dimanche et de saint Bruno auquel il avait une dévotion spéciale. La crise quotidienne s'était aggravée, le mot de danger fut prononcé par le docteur, comme une menace lointaine, il est vrai, mais ce mot nous transperça. Nous envoyâmes de suite un télégramme au docteur Combal de Montpellier, l'ami dévoué de Monseigneur, et dont son confrère de Grenoble réclamait le concours. Hélas! celui que le cher malade désirait si vivement, et que nous attendions tous avec une indicible angoisse, malade lui-même au fond des Pyrénées, ne pouvait accourir vers nous.

Une grave maladie retenait aussi loin de l'évêque l'ami et le compagnon inséparable, dont la vie était depuis vingt ans unie à la sienne par une affection filiale et par un dévouement sans limites. Monseigneur lui cachait son véritable état, sachant bien qu'à la première nouvelle de nos inquiétudes M. Lagrange serait parti, sans compter avec ses forces. Le 9 octobre, ce fidèle ami reçut encore une lettre de son évêque, qui lui donnait rendez-vous à Orléans, pour une époque très-prochaine. Deux jours après, la terrible nouvelle le foudroyait, au moment même où, sur le premier avertissement de la crise que l'on croyait conjurée, il allait néanmoins s'embarquer pour la Combe, en bravant toutes les défenses des médecins.

Le lundi et le mardi, la faiblesse augmenta. Monseigneur se traîna cependant à la chapelle et communia à la messe de M. l'abbé Chapon. Le mardi, il resta abîmé dans une longue oraison : c'était sa dernière communion.

Le mercredi, la suffocation, qui revenait chaque matin, l'empêcha de sortir de sa chambre. A l'heure du déjeuner, se sentant mieux, il voulut encore se mettre à table avec nous. Les quelques pas qu'il avait dû faire pour gagner la grande salle (1) provoquèrent une nouvelle suffocation. Il ne mangea presque pas.

Après le déjeuner, la crise se calma. La figure altérée du saint vieillard s'éclaira d'un sourire. Il s'assit encore une fois à sa place ordinaire, contre le billard. Alors nous vîmes jaillir, de son esprit et de son âme, un des brillants rayons d'autrefois, et nous eûmes, un instant, l'illusion de le ressaisir tout entier.

C'était cette grande conversation que

1. Cette salle était contiguë à sa chambre.

l'on ne retrouvera plus, avec son tour si noble et si naturel, ses larges vues, ses traits incisifs, ses accents vibrants; c'était cette parole précise et forte, en quelque sorte sculpturale, qui allait au vif des questions, accusait avec vigueur le caractère des événements et des hommes et tour à tour saisissait les traits les plus délicats de la beauté des choses divines et humaines : parole d'une autorité souveraine et d'un charme irrésistible, où se révélaient le prince de l'Église, le politique, l'orateur, l'ami, le prêtre, le prêtre surtout, qui élevait toutes les questions jusqu'à cette hauteur où elles s'éclairent à la lumière des principes éternels, et se dilatent dans le grand horizon de la foi.

Oui, nous retrouvâmes tout cela dans

ce précieux instant, où il avait peut-être le sentiment de se retrouver lui-même pour la dernière fois. Un des jeunes gens qui l'entouraient, lui ayant alors proposé de faire sa promenade habituelle sur la terrasse : « Non, non, répondit-il vivement, pas encore, » et il ajouta avec sa grâce inimitable : « Je me repose ici auprès de votre oncle qui me charme. »

C'est qu'il remontait avec son vieil ami tout le cours de leurs années jusqu'à celles de leur jeunesse, et ils y retrouvaient la paternelle action de deux prêtres, dont le souvenir a toujours plané sur la vie de l'évêque : l'un, ce grave et pieux abbé Borderie, qui l'avait donné à Dieu dès l'enfance et conduit au sacerdoce ; l'autre, cet angélique abbé Teysseire, dont les lambeaux de manuscrits recueillis dans les balayures d'un corridor de Saint-Sulpice avaient révélé au jeune abbé Dupanloup l'art et la vocation du cathéchiste. Il revint alors « sur ces belles années de la « Restauration, où il y avait tant d'ar-« deur dans les esprits, tant de séve dans « les âmes et tant d'hommes dans le « pays. » Il parla de Lamartine, dont il copiait, la nuit, une tragédie condamnée par l'auditoire de la Roche-Guyon à ne pas survivre à une première lecture; il parla du duc de Rohan, qui l'avait initié à la connaissance du grand monde où l'appelait son ministère; de Chateaubriand, dont il disait : « Ce qui est éton-« nant, c'est qu'il soit resté légitimiste en

« étant révolutionnaire, et catholique en « étant un mauvais chrétien. »

Il nous dépeignit ensuite sa stupeur au moment de la Révolution de Juillet, « qui avait été, après les Cent-« Jours, le point de départ de tous les « écroulements de la France. Cela ne m'a « point empêché, ajouta-t-il, d'approu-« ver et de soutenir les hommes comme « M. Molé qui cherchaient à tout sau-« ver. » Et exposant alors la situation de l'Église et des catholiques de France, pendant les luttes généreuses qui aboutirent à la victoire de la liberté d'enseignement, il rappela le souvenir de ceux qui avaient soutenu ces luttes depuis Mgr Affre, « caractère naturellement « faible, mais dans lequel l'évêque avait

« transformé l'homme », jusqu'à M. de Montalembert et à M. de Falloux, desquels M. Thiers lui disait : « L'un est un « grand guerrier, l'autre est un grand « homme d'État. » Il parla de M. Thiers lui-même chez lequel il avait surpris, à certains moments, des accents qui lui révélaient une âme. Un jour surtout, se trouvant seul avec lui, la conversation était devenue un monologue éloquent où M. Thiers réfutait l'athéisme, et exposait ses raisons de croire, non-seulement à l'existence, mais à la bonté de Dieu. Il marchait à grands pas dans son salon; tout à coup s'arrêtant devant une gravure : « Voyez, Monseigneur, s'écria-t-il, Dieu, « en créant le monde, aurait pu faire « quelque chose comme cette gravure, et il

« a voulu lui donner la couleur et le par-
« fum. »

Mais cette parole et d'autres semblables étaient des éclairs, dont l'évêque avait vu bientôt s'évanouir la lumière, et, rappelant « les déchéances successives de cet « homme d'État, qui aurait pu devenir un « grand homme, » il repassa avec douleur lés fautes commises à Bordeaux par l'Assemblée « qui, elle aussi, aurait pu sauver « la France, et qui ne l'a pas fait. » Cette pensée oppressait si cruellement son cœur que, pour l'en distraire, nous cherchâmes à donner un cours différent à la conversation. Mais ce fut en vain. Contre une telle douleur, ce cœur si ardemment français n'avait d'autre refuge que l'adoration des vues impénétrables de Dieu et la confiance dans ses miséricordes. Ce double sentiment fit jaillir, à cette heure, des lèvres du saint vieillard une prière, ou plutôt un cri, dont l'accent a dû monter jusqu'à Celui « qui a fait les nations guérissables. »

Il se leva alors et alla s'asseoir sur la terrasse, où il dit encore une fois son bréviaire, sous ce ciel d'automne qu'il admirait tant.

Le lendemain, le temps était humide et sombre. Monseigneur ne sortit de sa chambre que dans l'après-midi, pour aller au salon, où on lui lut un fragment de l'ouvrage du duc de Broglie : le Secret du roi.

Durant cette journée, la respiration se dégagea sensiblement sous l'influence d'un repos presque complet et d'applications énergiques faites sur la poitrine. L'espoir de notre docteur semblait justifié par cette tendance vers un état meilleur. Puis le docteur Combal, avec lequel nous échangions des télégrammes quotidiens, annonçait enfin son arrivée pour le lendemain. Cette nouvelle, qui nous ranimait tous, fit pousser une exclamation de joie au saint malade. Il parla, à plusieurs reprises, avec effusion, de cet ami qui lui était si cher : « Esprit rare, âme plus rare encore, » et lui appliquait ce distique adressé au docteur Récamier :

Medico qui amat,
Amico qui sanat.

Il lui reprochait seulement de ne pas

résumer et fixer ses idées sur la philosophie médicale, dont l'importance l'avait frappé. « C'est un vrai malheur que sa vie « soit dévorée, répétait-il avec tristesse, « mais qu'avons-nous à dire, si à cette « heure il y a en France plusieurs familles « qui le persécutent comme nous? » Et citant alors l'Ecclésiaste, il nous fit remarquer que la médecine est la seule des sciences humaines dont l'éloge ait été fait par la sainte Ecriture. Un magistrat réclama vainement en faveur de la jurisprudence, mais tous les textes qu'il invoqua ne purent soutenir le parallèle avec celui de l'Ecclésiaste, et force fut pour lui de rendre les armes à la médecine et au médecin.

Le vendredi 11 octobre se leva radieux. Un beau soleil dans le ciel semblait encourager les trompeuses espérances de nos cœurs. Monseigneur avait eu quelques heures de bon sommeil ; sa figure était moins altérée. A huit heures, il avait la Vie de saint Vincent de Paul entre les mains et faisait son oraison.

Nous nous succédâmes toute la matinée autour de lui, nous éloignant seulement, pour respecter sa prière, quand il reprenait ou son bréviaire, ou la croix attachée au chapelet qui était placé devant lui.

Les heures s'écoulaient rapidement. Ah! si nous avions pu en savoir le prix! Quel regret de ne lui avoir pas demandé et recommandé tant de choses pour la terre et pour le ciel. Car il était là encore, là tout entier, avec sa fermeté et sa tendresse, la lucidité de son grand esprit, et la sollicitude de son cœur qui s'étendait à tout et à tous, et s'exprimait d'une manière si paternelle.

C'était le moment solennel où les premières clartés de l'éternité descendent sur une âme qui atteint son dernier sommet. C'est le moment où nous le reverrons toujours : assis dans son vaste fauteuil, appuyé sur sa table de travail, devant la fenêtre qu'il avait fait ouvrir au grand large. Son regard se reposait sur le lointain des Alpes dorées par une lumière qui le charmait. Il était là encore, doux et serein, paisible et fort, n'ayant pas une plainte, et remerciant sans cesse ceux qui le soignaient. Il était là avec son visage souriant et attendri et son attitude fatiguée, qui gardait cependant toute sa noblesse. On eût dit qu'il y avait en lui le sentiment d'une attente... C'était l'attente de Dieu !

Et pourtant il travaillait encore et il priait. Sa main défaillante feuilletait les pages de son manuscrit, et tour à tour secondait les jeux de l'enfant, assis auprès de lui à cette table de travail, le champ de bataille du soldat mourant...

A une heure, il reprit son bréviaire et il parvint à le réciter tout entier, pratiquant ainsi jusqu'à la fin « cette fidélité inviolable aux exercices de piété » qui avaient toujours été la force de sa vie sacerdotale et la base de sa direction.

A deux heures, il dépouilla son courrier où se trouvait une lettre de M. Lagrange qui insistait encore pour rejoindre Monseigneur à la Combe, et lui disait : « Oh ! « combien il me tarde de venir reprendre « auprès de votre cœur cette place qui est « la mienne ! » Le cher malade nous lut ensuite un passage d'une lettre de Rome sur le Saint-Père : « Quelle grâce pour l'Église qu'un tel pape ! » s'écria-t-il. Et il compara la mission de Léon XIII, au dix-neuvième siècle, à celle de Calixte II, au douzième. Puis, revenant sur les controverses dont nous avons parlé : « Il faut gouverner et modérer tout cela, » conclut-il avec fermeté.

Après son repas qu'il avait pris à trois heures, on le porta au salon. Il demanda alors que l'on fît pour lui un pèlerinage à Notre-Dame du Précipice. Ce petit sanctuaire, qu'il avait érigé en 1848, avait été depuis lors le but préféré de ses promenades et l'objet de sa tendre dévotion. Il avait pu le revoir encore durant son premier séjour à la Combe, et il nous y avait envoyés plusieurs fois à sa place, pendant ces deux dernières semaines. Joseph fut chargé d'y porter un gros bouquet de la part de l'évêque et partit avec ses parents.

Quand il se fut éloigné : « Je veux encore vous parler de cet enfant, » nous dit Monseigneur, et il nous donna à son sujet des conseils importants pour le présent et pour l'avenir. C'était le testament suprême de son cœur, et la réalisation de cette touchante parole qui jadis s'était échappée de ce cœur paternel : « Les en-

« fants auront été mon premier et mon « dernier amour. »

On reprit alors la lecture commencée la veille. Monseigneur l'écoutait avec un intérêt soutenu, l'interrompant fréquemment par de vives réflexions. « Comme cela « fait bien connaître le siècle, la cour et « l'Église, » dit-il, quand on eut terminé.

Le soleil venait de se coucher. Le saint évêque se fit emporter du salon, et put jeter de la terrasse un dernier regard sur les montagnes de sa patrie, qui étaient enveloppées d'une brume rosée.

Revenu dans sa chambre, il dit à l'abbé Chapon : « Je ne pourrai pas encore aller « à la chapelle demain, vous m'apporterez « le bon Dieu ici. » Pour faire les apprêts de cette cérémonie, on alla chercher un crucifix qui avait appartenu à M. Hetsch (1) et on le plaça sur la table de Monseigneur. Le cher malade le reconnut et s'écria : « Ah ! je vous remercie, quel plaisir vous me faites ! » Puis, retombant dans le silence, il resta les yeux fixés sur cette image sacrée, au pied de laquelle son saint ami avait répandu tant de prières ardentes et accompli de si austères macérations. Dieu voulait sans doute que le nom de cet ami si cher se mêlât à sa dernière prière, et que cette douce et lumineuse figure planât sur

1. Savant docteur allemand, devenu catholique et prêtre. Il a été pendant seize ans supérieur du petit séminaire de La Chapelle où il a laissé une mémoire vénérée, et il est mort en 1876, à Rome, entre les bras de Mgr Dupanloup.

ses derniers instants comme une première apparition du ciel.

Un des hôtes de la Combe désirait l'entretenir en particulier. On le laissa seul avec lui. Quand il eut fini, M. Chapon revint auprès de Monseigneur et lui lut quelques pages sur Joseph de Maistre. Vers six heures et demie, le malade l'arrêta en disant : « Aujourd'hui encore, je « suis parvenu à me mettre en règle pour « mon bréviaire. » Il prit alors son chapelet et commença à le réciter.

M. Chapon remonta dans sa chambre ; mais, saisi d'une inquiétude qui était un pressentiment, il ne put s'y arrêter, et il venait de redescendre au salon, lorsqu'il entendit la voix de Monseigneur qui l'appelait. Il accourut auprès de lui, et le trouva sur son fauteuil en proie à une crise plus violente que toutes les précédentes. « J'ouvris sa fenêtre, a écrit l'abbé Cha-« pon (1), je lui fis respirer de l'éther « pendant que M. du Boys envoyait cher-« cher en toute hâte le médecin. Mais « bientôt le visage se contracta. Je lui dis « quelques mots d'exhortation et lui don-« nai l'absolution une première fois. Je « lui fis respirer de nouveau le flacon « d'éther ; il reprit alors connaissance, « mais sans que la crise cessât.

« Je lui dis alors : Monseigneur, le bon « Dieu vous voit tant souffrir, vous lui « offrez bien ces souffrances en union « avec Notre-Seigneur, n'est-ce pas ? Oui,

1. Lettre à Mgr Coullié.

« mon ami, me dit-il d'une voix forte et
« avec un accent de foi et d'amour victo-
« rieux de la douleur et qui retentira à
« jamais dans mon âme. Je lui dis alors
« que j'allais lui donner l'absolution et
« recitai l'acte de contrition. Il me ré-
« pondit en joignant les mains : Oui,
« mon cher ami, et il saisit sa croix pasto-
« rale et la pressa lougtemps contre ses
« lèvres. Ce fut un moment sublime.
« J'ajoutai : Mon père, je vais prier pour
« vous la très-sainte Vierge par cette
« belle prière que vous aimez tant, le
« *Souvenez-vous*. Il me répondit toujours
« avec le même accent : Oui, oui, mon
« ami, et je récitai lentement le *Souvenez-*
« *vous*, auquel il parut s'unir. Ensuite je
« lui annonçai l'indulgence plénière que

« je lui appliquai en lui faisant baiser le « crucifix de M. Hetsch qui se trouvait « placé près de lui. Je n'eus plus de Mon- « seigneur d'autre parole »... « Quel- « ques minutes après il poussa un soupir « et expira entre les bras du plus ancien « et du plus jeune de ses amis (1). »

Son chapelet était encore entre ses mains. Il était allé l'achever au ciel.

1. Lettre de M. Récamier au *Français* du 14 octobre.

VI

L'heure suprême avait trouvé le vaillant athlète debout, travaillant et priant. Le grand trait de sa vie était empreint sur sa mort.

Mais dans cette mort douce et forte, comme aux derniers jours de sa vie, l'athlète était en quelque sorte enveloppé par le saint : c'était la sainteté qui rayonnait de cette chère dépouille, et transfigurait ce visage illuminé par un sourire ineffable. C'était la grâce sensible de cette sainteté, qui soutenait nos âmes, alors que nos forces succombaient sous ce coup terrible, alors que avertis trop tard, hélas! en étant si près, nous accourions tous dans cette chambre funèbre, où une demi-heure auparavant nous l'avions laissé plein de vie.

Cette sainteté avait subjugué de longue date le peuple de nos campagnes qui ignorait la gloire du grand évêque, mais qui avait senti son cœur. Le cri d'une douleur d'autant plus touchante qu'elle était plus spontanée et plus vraie répondit de toute part à notre propre douleur, dès que la funèbre nouvelle se fut répandue.

On arriva alors de tous les points de la montagne; on apportait des fleurs pour les déposer sur le lit de mort de Monseigneur et des objets de piété pour les faire toucher à ces restes, qui étaient vraiment des reliques chéries et vénérées.

Le samedi, et surtout le dimanche, ce fut une véritable foule qui défila et s'agenouilla devant l'illustre défunt. Ces témoignages unanimes de vénération étaient bien le *vox populi* dans lequel on pouvait reconnaître le *vox Dei.*

Nous l'avons gardé ainsi deux jours, étendu sur son lit de mort, qui semblait être un lit de repos. On ne sentait d'autre odeur dans cette chambre funèbre que celle des fleurs qui y étaient déposées, on ne voyait d'autre signe de la mort que la grande pâleur de ce visage, sur lequel la paix du ciel était descendue. On ne pouvait s'arracher à ce sanctuaire, où la douleur se transfigurait et où l'action de grâces se mêlait aux larmes.

Oh ! oui, il y a des douleurs qui ouvrent le ciel et le font descendre sur la terre ; et la mort des saints est une de ces douleurs-là. . . . .

. . . .

Cependant Orléans dans le deuil attendait la dépouille vénérée de son grand évêque. M. Bougaud, délégué par Mgr Coullié, pour venir le recevoir et l'accompagner, était arrivé à la Combe le dimanche. La dernière séparation devait s'accomplir le lendemain.

Le lundi 14 octobre, à onze heures, on apporta le cercueil de Mgr Dupanloup dans cette grande salle où tout gardait la trace de son activité soudainement brisée. On le déposa à la porte de cette chapelle où le saint évêque demandait naguère que l'on ne changeât rien de son vivant, car tout était là plein de souvenirs dont il craignait de voir s'effacer la moindre trace. Le vœu du cher défunt avait été fidèlement respecté, et aucun signe de deuil ne modifiait l'aspect des lieux imprégnés de sa présence et de son âme. Le drap funèbre même disparaissait sous les fleurs dont on l'avait couvert; et la flamme des cierges, que portait chacun des assistants, faisait une atmosphère lumineuse à cette cérémonie où tout devait parler de résurrection et de vie.

Et d'ailleurs il y avait dans la simplicité et même dans la rusticité de ces premiers hommages rendus au grand défunt quelque chose qui était en harmonie avec le caractère intime de sa vie.

L'évêque de Grenoble, absent de son diocèse, était représenté par son vicaire général, l'abbé Rey, que Mgr Dupanloup avait trouvé jadis jeune diacre à la Combe. Quatre chanoines de la cathédrale s'étaient adjoints à lui. Des prêtres de nos campagnes entouraient le cercueil, avec quelques amis accourus pour mêler leurs larmes aux nôtres. Derrière eux se pressait une foule qui remplissait et débordait la grande salle : nos confréries de femmes et de jeunes filles, de nombreux paysans qui avaient quitté les travaux pressants de la saison, et à leur tête le maire et le conseil municipal de la Combe, qui tenaient à honneur d'accompagner, jusqu'à la gare de Lancey, la dépouille funèbre de l'évêque d'Orléans.

Après la messe dite par le curé de la paroisse, M. Bougaud récita un *De Profundis*, entrecoupé de sanglots. Puis on enleva le cercueil de la place même où, chaque année, le saint évêque nous donnait, avant son départ, sa dernière bénédiction. Et on suivit, à travers la terrasse et le parterre, la trace de ses promenades quotidiennes, jusqu'à cette cour où, sept semaines auparavant, il avait béni le cercueil de l'abbé Guthlin.

C'est là que stationnait la voiture de deuil. . . . .

Nous le vîmes bientôt disparaître à travers les contours des rampes, où nous ne viendrons plus attendre son retour. Et comme jadis après l'avoir accompagné et quitté, nous rentrâmes dans cette grande salle déserte que sa présence avait remplie, et où l'écho de sa voix paternelle s'était éteint pour jamais...

Et cependant il ne nous laisse pas orphelins ! *Non relinquam vos orphanos.* Cette inscription, restée sur la porte de notre chapelle, nous rappelle que Dieu ne reprend pas ses dons, mais qu'il les augmente, qu'il les transfigure. Non, ce père et ce maître vénéré ne nous a pas quittés. S'il a disparu dans la nuée lumineuse qui nous le cache, il nous guide, il nous protége encore ; et son affection paternelle, devenue une intercession céleste, nous aidera à le suivre et à le rejoindre.

Il ne nous laisse pas orphelins! et ce mot, qui est redit dans le silence de notre solitude désolée, est redit aussi dans le secret des âmes qu'il a données à Dieu et dans le cœur de ces vaillants chrétiens qui ont combattu avec lui pour toutes les causes sacrées. Il est dans le lieu où s'obtiennent les grandes miséricordes et où se préparent les grandes victoires; et la France et l'Église, qui ont perdu sur la terre un illustre défenseur, ont conquis au ciel un puissant intercesseur de plus.

***.

La Combe, 1er novembre 1878,
fête de la Toussaint.

PARIS.—IMP. V. GOUPY ET JOURDAN, RUE DE RENNES, 71.